Die *kleine*
Bibliothek der
positiven Gefühle

Zuversicht

Mutmachmomente
für dich

Geschichten & Gedichte
voller Hoffnung

ars≡dition

Inhalt

UNVERHOFFTES WIEDERSEHEN

Johann Peter Hebel

*I*n Falun in Schweden küsste vor guten fünfzig Jahren ein junger Bergmann seine hübsche Braut und sagte zu ihr: »Auf Sankt Luciä wird unsere Liebe von des Priesters Hand gesegnet. Dann sind wir Mann und Weib und bauen uns ein eigenes Nestlein.« – »Und Friede und Liebe soll darin wohnen«, sagte die schöne Braut mit holdem Lächeln, »denn du bist mein Einziges und Alles, und ohne dich möchte ich lieber im Grab sein, als an einem andern Ort.« Als sie aber vor Sankt Luciä der Pfarrer zum zweiten Mal in der Kirche ausgerufen hatte: »So nun jemand Hindernis wüsste anzuzeigen, warum diese Personen nicht möchten ehelich zusammenkommen« – da meldete sich der Tod. Denn als der Jüngling den andern Morgen in seiner schwarzen Bergmannskleidung an ihrem Haus vorbeiging, der Bergmann hat sein Totenkleid immer an, da klopfte er zwar noch einmal an ihrem Fenster und sagte ihr guten Morgen, aber keinen guten Abend mehr. Er kam nimmer aus dem Bergwerk zurück, und sie saumte vergeblich selbigen Morgen ein schwarzes Halstuch mit rotem Rand für ihn zum Hochzeitstag, sondern als er nimmer kam, legte sie es weg und weinte um ihn und vergaß ihn nie.

Unterdessen wurde die Stadt Lissabon in Portugal durch ein Erdbeben zerstört, und der Siebenjährige Krieg ging vorüber, und Kaiser Franz der Erste starb, und der Jesuitenorden wurde aufgehoben und Polen geteilt, und die Kaiserin Maria Theresia starb, […] Amerika wurde frei, und die vereinigte französische und spanische Macht konnte Gibraltar nicht erobern. […] Der König Gustav von Schweden eroberte russisch Finnland, und die Französische Revolution und der lange Krieg fing an, und der Kaiser Leopold der Zweite ging auch ins Grab. Napoleon eroberte Preußen, und die Engländer bombardierten Kopenhagen, und die Ackerleute säten und schnitten. Der Müller mahlte, und die Schmiede hämmerten, und die Bergleute gruben nach den Metalladern in ihrer unterirdischen Werkstatt.

Als aber die Bergleute in Falun im Jahr 1809 etwas vor oder nach Johannis zwischen zwei Schächten eine Öffnung durchgraben wollten, gute dreihundert Ellen tief unter dem Boden, gruben sie aus dem Schutt und Vitriolwasser den Leichnam eines Jünglings heraus, der ganz mit Eisenvitriol durchdrungen, sonst aber unverwest und unverändert war; also dass man seine Gesichtszüge und sein Alter noch völlig erkennen konnte, als wenn er erst vor einer Stunde gestorben oder ein wenig eingeschlafen wäre an der Arbeit. Als man ihn aber zu Tag ausgefördert hatte, Vater und Mutter, Gefreundte und Bekannte waren schon lange tot, kein Mensch wollte den schlafenden Jüngling kennen oder etwas von seinem Unglück wissen, bis die ehemalige Verlobte des Bergmanns kam, der eines Tages auf die Schicht gegangen war und nimmer zurückkehrte. Grau und zusammengeschrumpft kam sie an einer Krücke an den Platz und erkannte ihren Bräutigam; und mehr mit freudigem Entzücken als mit Schmerz sank sie auf die geliebte Leiche nieder, und erst als sie sich von einer langen, heftigen Bewegung des Gemüts erholt hatte, »es ist mein Verlobter«, sagte sie endlich, »um den ich fünfzig Jahre lang getrauert hatte und den mich Gott noch einmal sehen lässt vor meinem Ende. Acht Tage vor der Hochzeit ist er unter die Erde gegangen und nimmer heraufgekommen.«

Da wurden die Gemüter aller Umstehenden von Wehmut und Tränen ergriffen, als sie sahen die ehemalige Braut jetzt in der Gestalt des hingewelkten, kraftlosen Alters und den Bräutigam noch in seiner jugendlichen Schöne, und wie in ihrer Brust nach fünfzig Jahren die Flamme der jugendlichen Liebe noch einmal erwachte; aber er öffnete den Mund nimmer zum Lächeln oder die Augen zum Wiedererkennen; und wie sie ihn endlich von den Bergleuten in ihr Stüblein tragen ließ, als die einzige, die ihm angehöre und ein Recht an ihn habe, bis sein Grab gerüstet sei auf dem Kirchhof. Den andern Tag, als ihn die Bergleute holten, schloss sie ein Kästlein auf, legte ihm das schwarzseidene Halstuch mit roten

Streifen um und begleitete ihn alsdann in ihrem Sonntagsgewand, als wenn es ihr Hochzeitstag und nicht der Tag seiner Beerdigung wäre. Denn als man ihn auf dem Kirchhof ins Grab legte, sagte sie: »Schlafe nun wohl, noch einen Tag oder zehn im kühlen Hochzeitsbett, und lass dir die Zeit nicht lange werden. Ich habe nur noch wenig zu tun und komme bald, und bald wird's wieder Tag. – Was die Erde einmal wiedergegeben hat, wird sie zum zweiten Mal auch nicht behalten«, sagte sie, als sie fortging und noch einmal umschaute. ⬋

*Ein Lächeln
ist ein Licht,
das Leben und Hoffnung
sichtbar macht.*

Thérèse von Lisieux

DER
SONNENFINSTERNISTAG

Selma Lagerlöf

Da waren Stina vom oberen Eck und Lina vom Vogelhäusel und Kajsa vom Moorhof und Maja von der Hochalp und Beda vom Finnenwinkel und Elin, die neue
Hausmutter im alten Soldatenquartier, und zwei oder
drei andere alte Weiber.

Die wohnten alle miteinander am äußersten Ende des
Kirchspieles, unter der Hochalp, in einer Gegend, die so
steinig und unfruchtbar war, dass keiner der Großbau-
ern daran gedacht hatte, die Hand darauf zu legen. Eine
der Frauen hatte ihre Hütte auf einer kahlen Berghalde
liegen, eine andere am äußersten Rande eines Moors,
eine dritte hatte sie auf einem Hügel stehen, der so steil
war, dass es schon eine rechte Arbeit war, hinaufzuklet-
tern. Und wenn schon eine von den anderen ihre Hütte
auf besserem Grunde errichtet hatte, so konnte man sicher sein, dass sie dafür so dicht unter der Hochalp lag,
dass sie ihnen ganz die Sonne verdeckte, vom Herbst-
markt bis zu Mariä Verkündigung.

Und alle, wie sie da waren, hatten sie sich dicht neben
der Hütte ein kleines Kartoffelfeld angelegt. Es war mit
großer Mühe und Beschwerde geschehen, denn wenn

es wahr ist, dass es dort unter dem Berge viele verschiedene Arten von Erde gibt, so ist es auch wahr, dass sie alle schwer dazu zu bringen waren, Frucht zu tragen. Manche der Frauen hatten erst so viel Steine aus dem Acker jäten müssen, dass es für einen herrschaftlichen Stall gelangt hätte, andere hatten die Deiche so tief graben müssen wie Gräber, andere mussten die Erde Sack um Sack herbeischleppen und sie auf dem nackten Fels ausbreiten.

Alle diese Frauen saßen allein in ihren Stuben, solange der Tag war. Denn wenn sie auch einen Mann hatten, so ging er doch jeden Morgen in die Arbeit, und die Kinder gingen zur Schule. Einige von ihnen waren alt und hatten erwachsene Kinder, aber die waren nach Amerika gezogen. Einige hatten kleine Kinder, und die blieben wohl den ganzen Tag daheim, aber die konnte man ja nicht als Gesellschaft rechnen. So einsam, wie sie in ihren Stuben saßen, war es beinahe notwendig für sie, sich ab und zu einmal bei ein paar Tassen Kaffee zu treffen. Nicht, dass sie gerade immer so eines Sinnes gewesen wären oder gar so große Liebe füreinander gehegt hätten. Aber manche von ihnen wollten doch gern wissen, was die anderen trieben, und manche, die ganz unter dem Berge hausten, wurden schwermütig, wenn sie nicht ab und zu mit anderen Menschen sprechen konnten. Manche mussten ihr Herz ausschütten und von dem letzten Brief aus Amerika erzählen, und andere wiederum waren von

Natur aus lustig und gesprächig und sehnten sich nach einer Gelegenheit, so große und gute Gottesgaben zu betätigen.

Es bot ja auch keine Schwierigkeit, ein Kaffeekränzchen zu veranstalten. Kaffeemaschinen und Tassen hatten sie alle, und Sahne konnte man im Herrenhof kaufen, wenn man keine eigene Kuh zum Melken hatte. Backwerk konnte man mit dem Meiereiwägelchen aus der Stadt vom Bäcker holen lassen, und Landkrämer, die Kaffee und Zucker verkauften, gab es überall. Nein, ein Kaffeefest auszurichten, das war die leichteste Sache der Welt. Schwer war es nur, einen Anlass zu finden.

Denn alle, Stina vom oberen Eck und Kajsa vom Moorhof und Maja von der Hochalp und Lina vom Vogelhäusel und Beda vom Finnenwinkel und Elin, die neue Hausfrau im alten Soldatenquartier, und die zwei oder drei anderen Alten waren einig darüber: Mitten am blanken Werktag geht es nicht an, ein Kaffeefest zu geben. Wenn man die Zeit, die das Kostbare ist, das nicht wiederkehrt, so übel anwendet, kann man ja rein in schlechten Ruf kommen.

Und ebenso waren sie ganz einig, dass es nicht angehe, am Sonntag oder an einem hohen Feiertag eine Kaffeegesellschaft abzuhalten. Denn da hatten die Verheirateten Mann und Kinder daheim, sodass sie ohnehin Gesellschaft genug hatten. Und andere wollten in die

Kirche oder ins Bethaus gehen, einige wollten gern Besuch bei Verwandten machen, und einige wieder wollten es den ganzen Tag mäuschenstill in der Stube haben, damit sie so recht das Gefühl hatten, dass es Feiertag war.

Desto mehr musste man bestrebt sein, alle anderen Gelegenheiten wahrzunehmen. Die meisten pflegten an ihren Namenstagen einzuladen. Andere feierten das große Ereignis, dass das Kleinste den ersten Zahn bekam oder die ersten Schritte gehen lernte. Für die, die Geldbriefe aus Amerika zu bekommen pflegten, war dies ja ein passender Anlass, und ebenso ging es ja sehr wohl, die Nachbarinnen zusammenzuladen, um sich beim Stricken einer Decke oder beim Aufziehen eines Gewebes helfen zu lassen.

Aber dessen ungeachtet gab es lange nicht so viele Anlässe, als nötig gewesen wären. Und in einem Jahre begab es sich, dass eine der Alten ganz und gar ratlos war und sich nicht zu helfen wusste. Sie wusste, dass nun an ihr die Reihe war, ihre Nachbarinnen zu sich zu bitten, sie wollte auch nur zu gern ihre Pflicht erfüllen, aber sie konnte sich rein gar nichts ausdenken, das sie hätte feiern können.

Ihren eigenen Namenstag konnte sie nicht feiern, denn sie hieß Beda, und das war aus dem Kalender gestrichen, und einen anderen konnte sie auch nicht feiern, denn sie hatte all die Ihren auf dem Kirchhof. Sie war sehr alt, und die Decke, unter der sie lag, reichte sicherlich ihr Leben lang, und Briefe bekam sie keine. Sie hatte eine Katze bei sich in der Stube, und die hatte sie freilich sehr lieb, auch ist es wahr, dass sie ebenso gut Kaffee trinken konnte wie sie selbst, aber sie konnte sich doch nicht entschließen, ein Fest für die Katze zu veranstalten.

Während sie so grübelnd umherging, las sie einmal ums andere in ihrem Kalender, denn sie meinte, dass sie daraus in so schwieriger Lage vielleicht einen guten Rat holen könnte. Sie fing beim Anfang an, mit dem Königshaus und der Erklärung der Zeichen, und las bis zu den Märkten des Jahres 1912 und den Postsendungen. Einmal ums andere las sie das Buch durch, ohne etwas zu finden, aber dann begann sie wieder von vorn, so als wüsste sie, dass die Hilfe doch von dort kommen würde.

Als sie zum sechsten Mal das Buch durchlas, blieben ihre Blicke an Sonnen- und Mondfinsternissen haften. Da las sie, dass in dem Jahre des Heiles, das das neunzehnhundertundzwölfte nach Christi Geburt war, am 17. April eine Sonnenfinsternis eintreten würde. Sie würde um ein Uhr zwanzig Minuten nachmittags beginnen und um zwei Uhr neunundvierzig Minuten nachmittags enden und neun Zehntel des Sonnendurchmessers umfassen.

Dies hatte sie schon mehrmals gelesen, ohne darauf zu achten. Aber jetzt wurde es mit einem Mal schimmernd klar in ihr. »Nun weiß ich, wie ich es machen muss«, dachte sie.

Aber nur einen Augenblick war sie ihrer Sache sicher. Gleich darauf wies sie den Gedanken wieder von sich. Sie hatte Angst, dass alle die anderen sie auslachen könnten.

Aber in den folgenden Tagen erinnerte sie sich immer wieder daran, was ihr beim Lesen des Kalenders eingefallen war, und schließlich begann sie zu erwägen, ob sie sich nicht doch an die Sache wagen sollte.

Denn wenn sie es so recht bedachte: Was für einen Freund hatte sie auf der Welt, den sie lieber mochte als die Sonne? Die Hütte lag so, dass im Winter kein Sonnenstrahl hineinfiel, da ging sie herum und zählte nur immer die Tage bis zum Frühling, wo die Sonne wieder zu ihr zurückkehrte. Die Sonne war doch die einzige, nach der sie sich sehnte, die einzige, die immer sanft und hold gegen sie war, und von der sie nicht genug haben konnte. Sie fühlte sich alt, und sie war alt. Die Hände zitterten ihr, als ginge sie in beständigen Fieberschauern herum. Wenn sie in den Spiegel sah, da fand sie sich so weiß und farblos, als hätte sie auf der Bleiche gelegen. Nur wenn sie in starkem, warmem, reich strömenden Sonnenschein stand, hatte sie das Gefühl, dass sie eine Lebende war und nicht ein wandernder Leichnam.

Je mehr sie an die Sache dachte, desto sicherer wurde sie, dass es keinen Tag im ganzen Jahre gab, den sie lieber feiern wollte als diesen, wo ihre Freundin, die Sonne, mit dem Dunkel kämpfen und nach herrlichem Sieg in neuer, strahlender Pracht aufgehen sollte.

Es war nicht mehr weit bis zum 17. April, aber sie hatte doch noch Zeit, zu einem Kaffeefest zu rüsten. Und als der Sonnenfinsternistag kam, da saßen alle, Stina und Lina und Kajsa und Maja und all die anderen, bei Beda im Finnenwinkel und tranken Kaffee. Sie tranken zweiten Nachguss und dritten Nachguss, und sie sprachen über alles mögliche, unter anderem auch darüber, dass sie gar nicht wüssten, warum Beda dieses Fest gab. Und unterdessen ging die Sonnenfinsternis ihren regelrechten Gang, aber sie dachten weiter nicht viel daran. Nur einen Augenblick, als sie auf ihrem Höhepunkt war, als der Himmel schwarzgrau wurde und alles in der Natur einen bleifarbenen Überzug zu haben schien und ein heulender Wind herangesaust kam, der den Klang der Posaunen des Jüngsten Gerichtes und des Weltuntergangs hatte, da wurde ihnen doch recht gruselig zumute, aber dann schenkten sie sich eine frische Tasse Kaffee ein, und es ging vorüber.

Als das Ganze vorbei war und die Sonne im Kampf gesiegt hatte und so blinkend froh am Himmel strahlte, da sahen sie, wie die alte Beda ans Fenster trat und mit gefalteten Händen stehen blieb. Sie blickte über den sonnenbeschienenen Berghang hin, und dann begann sie zu singen:

>Die goldne Sonne zeiget sich
am blauen Himmelszelt.
Aus frohem Herzen preise ich
dich, Gott und Herr der Welt.<

Dünn und durchsichtig stand sie am Fenster, aber während sie so sang, umspielten sie die Sonnenstrahlen so, als wollten sie ihr von ihrem Leben, ihrer Farbe und ihrer Kraft geben.

Als sie den Psalmvers beendigt hatte, sah sie die anderen an und sagte gleichsam entschuldigend:

>Seht ihr, ich habe doch keine bessere Freundin als die Sonne, und darum wollte ich das Fest am Sonnenfinsternistag geben. Ich wollte, dass wir alle zusammenkommen, um sie willkommen zu heißen, wenn sie aus dem Dunkel tritt.<

Nun begriffen alle die Absicht der Alten. Sie waren gerührt und fingen an, gut von der Sonne zu reden. Sie sagten von ihr, dass sie gleich gut gegen Arm und Reich sei. Wenn sie an einem Wintertag in eine Hütte komme, dann sei das ebenso schön wie ein Herdfeuer, und wenn sie nur scheine, sei es eine Lust zu leben, was für Sorgen man auch zu tragen habe.

Als sie von dem Fest heimgingen, da waren sie alle miteinander fröhlich und vergnügt. Sie fühlten sich reicher und geborgener, weil sie auf den Gedanken gekommen waren, welch gute und treue Freundin sie doch an der Sonne hatten.

Aber weil dies eine große Sonnenfinsternis war, bei der ganze neun Zehntel der Sonnenscheibe verdeckt waren, erregte sie überall, wo sie sichtbar wurde, großes Aufsehen. Gelehrte Forscher zogen mit ihren Instrumenten aus, um zu messen und zu rechnen. Gewöhnliche Leute schwärzten Gläser und Operngucker und standen lange da und guckten die Sonne an. Die Schulkinder durften die Klassenzimmer verlassen, damit sie sich an der Sonnenfinsternis sattsehen konnten. Die Zeitungen brachten lange Berichte, wie der Himmel seine Farbe verändert hatte, wie der Vogelgesang verstummt war und wie dunkel es gewesen war, als sie ihren Höhepunkt erreichte.

Aber wie viel Aufsehen es auch der Sonnenfinsternis wegen gab, so habe ich doch nicht gehört, dass irgend jemand ein Fest veranstaltet hätte, um die Sonne zu feiern, als sie siegreich aus der Verdunkelung trat – außer der alten Beda im Finnenwinkel. ✐

MORGENWONNE

Joachim Ringelnatz

Ich bin so knallvergnügt erwacht.
Ich klatsche meine Hüften.
Das Wasser lockt. Die Seife lacht.
Es dürstet mich nach Lüften.

Ein schmuckes Laken machte einen Knicks
und gratuliert zum Baden.
Zwei schwarze Schuhe in blankem Wichs
betiteln mich »Euer Gnaden«.

Aus tiefster Seele zieht
mit Nasenflügelbeben
ein ungeheurer Appetit
nach Frühstück und nach Leben.

LIEBE
UNTER DEN DÄCHERN

Émile Zola

Die mürrischen Leute, die alt werden und sich darüber ärgern, dass wir jung sind, behaupten, die Rosen ihrer Zeit seien verwelkt und uns blieben nichts als die Dornen. Schadenfroh sagen sie uns Jungen: »Die kleinen Näherinnen werden auch immer weniger. Eigentlich gibt es sie schon gar nicht mehr.«

Ich aber sage euch, dass sie lügen, dass es die Liebe und die Arbeit auf ewig geben wird, dass die heiteren Vögelchen der Mansardenzimmer gar nicht ausgeflogen sein können!

Ich kenne so ein Vögelchen.

Marthe ist zwanzig. Eines Tages stand sie allein da im Leben. Sie war ein Kind der großen Stadt, die ihre Töchter vor die Wahl zwischen Fingerhut und Juwelen stellt. Sie hat sich für den Fingerhut entschieden und wurde Näherin.

Das Handwerk ist einfach. Man benötigt nichts weiter als ein Herz und eine Nadel. Viel lieben und viel arbeiten. Die Arbeit rettet die Liebe, die Finger sorgen dafür, dass das Herz unabhängig bleibt.

Anfangs hat Marthe die Stirn in ihre kleinen Hände gestützt und sich tapfer mit den schwierigsten Überlegungen geplagt.

»Ich bin jung, ich bin hübsch, und es liegt nur an mir, in Seidenkleidern, Spitze und Schmuck zu gehen. Ich könnte im Überfluss leben, mich von feinsten Speisen ernähren, nur mit der Kutsche unterwegs sein, müßig und faul sein den lieben langen Tag. Aber dann, wenn ich meine Tränen vergossen und meine Abscheu überwunden habe, werde ich am Boden erwachen und mein Herz klagen hören.
Lieber beuge ich mich ihm schon heute. Nur ihm will ich folgen. Um seine Stimme zu vernehmen, werde ich Baumwollröcke tragen und es während der langen Stunden der Näherei um Rat fragen. Ich will frei sein, den zu lieben, den mein Herz liebt.«

Und das schöne Mädchen entschloss sich, eine von denen zu werden, die brav sind, arbeitsam und voller Liebe.

Seitdem hat Marthe ein kleines, sonnendurchflutetes Zimmer unter den Dächern. Ihr wisst schon, so ein Kämmerchen, wie die Dichter es beschreiben. Der einzige Luxus dort ist ihre Reinlichkeit und ihre gute Laune. Hell und strahlend ist dort alles.

Das Bett ist klein, ganz weiß, wie das einer Internatsschülerin; nur am Ende der Stange, die den Vorhang hält, schwebt ein Amor aus vergoldetem Gips. Am Kopfende des Lagers lächelt eine Büste von Béranger, dem Dichter der Dachkammern; an den Wänden hängen Drucke von gelben und blauen Papageien, Illustrationen aus den Reisebeschreibungen von Dumont d'Urville; auf einem Regal ist eine ganze Welt aus auf Jahrmärkten erstandenen Porzellan- und Glasfigürchen ausgebreitet.

Dann gibt es noch eine Kommode, ein Büfett, einen Tisch und vier Stühle. Ziemlich vollgestopft, der kleine Raum.

Wenn der Vogel ausgeflogen ist, ist das Nest trist. Aber sobald Marthe es betritt, beginnt das kleine Mansardenreich zu strahlen. Sie ist seine Seele, und je nachdem, ob sie lacht oder weint, scheint dort die Sonne oder eben nicht.

An ihrem Tischchen sitzt sie und trällert beim Nähen ihre Liedchen. Die Spatzen auf dem Dach stimmen in ihren Refrain mit ein. Rasch möchte sie ihr Werk beenden; sie weiß, da wartet jemand auf sie, morgen soll es hinausgehen auf die schattigen Höhen von Verrières.

Ihr Herz hat gesprochen, so ist das, und sie hat nur zu gut verstanden, was es ihr gesagt hat. Seit zwei Monaten folgt sie ihm. Sie ist nicht mehr allein auf der Welt, sie hat einen braven Jungen kennengelernt. Und weil sie ein liebes Mädel ist, hat es ihr gefallen, geliebt zu werden und selbst zu lieben.

Schaut sie euch an mit ihrer Näharbeit in den Händen. Leichtfüßig springt sie über die Rinnsteine, die Röcke geschürzt, sodass man ihre zarten Fesseln sehen kann. Ihr Schritt ist schüchtern und kühn zugleich. Wie der ängstliche Mut der Spatzen im Jardin du Luxembourg. Sie ist der muntere Vogel der Pariser Gehsteige; das ist ihr Revier, dort ist sie daheim. Wo sonst findet man dieses leicht gerührte Lächeln, diese schwungvolle Entschlossenheit, diese dem Körper innewohnende Eleganz? Ganz schlicht und voller Freude ist das Kind. Sie hat das unscheinbare Federkleid der Lerche, aber auch deren leuchtende Lebendigkeit.

Und was für eine Freude am Tag darauf in den Wäldern von Verrières. Walderdbeeren und Blumen, wogende Gräser und kühler Schatten unter den Bäumen. Da tankt Marthe Lebenslust für eine ganze Woche. Sie berauscht sich an der Freiheit, das Blau des Himmels und das dichte Grün des Laubes rühren sie zu Tränen. Abends kehrt sie voller Leichtigkeit zurück, einen Zweig Flieder in der Hand, erfüllt mit noch mehr Liebe und Zuversicht.

So hat sie sich ein Leben aus Arbeit und zarter Neigung eingerichtet. Sie verdient ihr eigenes Brot und kann sich aufheben für denjenigen, den sie wirklich möchte.

Wer sollte diesem Mädchen etwas vorwerfen? Sie gibt doch mehr, als sie nimmt. Ihr Leben ist voller Würde, da ihre Leidenschaft ehrlich ist und sittlich, da sie nicht aufhört, ihr Leben durch Arbeit zu verdienen.

Sing weiter, schöne Lerche unserer zwanzig Jahre, sing für uns, wie du schon für unsere Väter gesungen und noch für unsere Söhne singen wirst. Du bist unsterblich, denn du bist die Jugend und die Liebe. ⤢

Auch das ist Kunst, ist Gottes Gabe,
aus ein paar sonnenhellen Tagen
sich so viel Licht ins Herz zu tragen,
dass, wenn der Sommer längst verweht,
das Leuchten immer noch besteht.

Johann Wolfgang von Goethe

BRIEFE
AUS DEM GEFÄNGNIS

Rosa Luxemburg

Wronke i. P., 15. April 1917

Geliebte Lulu!

Dein kurzes Brieflein vor Ostern hat mich durch seinen äußerst gedrückten Ton lebhaft beunruhigt, und ich habe mir gleich vorgenommen, dir wieder einmal das Köpfchen zu waschen. Sag mal, wie kannst du bloß wie eine traurige Zikade dein Liedlein der Trübsal weitersingen, während aus Russland ein solch heller Lerchenchor herübertönt?! Begreifst du denn nicht, dass dies unsere eigene Sache ist, die dort siegt und triumphiert, dass es die Weltgeschichte in Person ist, die dort ihre Schlachten schlägt und freudetrunken die Carmagnole tanzt? Muss man denn nicht alle Privatmisere bei solchem Gang der allgemeinen Sache vergessen? […]

Siehst du, ich habe gerade aus der Geschichte der letzten Jahre und von da rückschauend aus der ganzen Geschichte gelernt, dass man das Wirken des einzelnen nicht überschätzen soll. Im Grunde genommen wirken und entscheiden die großen, unsichtbaren, plutonischen Kräfte der Tiefe, und alles rückt sich schließlich zurecht, sozusagen »von selbst«. Missverstehe mich nicht: Ich rede da nicht etwa einem bequemen fatalistischen Optimismus das Wort.

Nein, nein, ich bin allzeit auf dem Posten und werde bei der nächsten Möglichkeit wieder dem Weltklavier mit allen zehn Fingern in die Tasten fallen, dass es dröhnt. Nun ich aber nicht durch meine Schuld, sondern durch äußern Zwang »auf Urlaub« bei der Weltgeschichte bin, so lache ich mir einen Ast, freue mich, wenn's auch ohne mich geht, und glaube felsenfest, dass es gut gehen wird. Die Geschichte weiß stets am besten Rat, wo sie sich am hoffnungslosesten in die Sackgasse verlaufen zu haben scheint.

Liebste, wenn man die üble Gewohnheit hat, in jeder Blüte nach einem Tröpflein Gift zu suchen, so findet man, solange man lebt, eine Ursache zum Stöhnen. Nimm aber die Dinge umgekehrt und suche nach Honig in jeder Blüte, so findest du stets Ursache, um heiter zu sein. Außerdem glaube mir, die Zeit, die ich – wie auch andere – jetzt hinter Schloss und Riegel verbringe, ist auch nicht verloren. Sie kommt irgendwie in der großen allgemeinen Rechnung zur Geltung. Ich bin der Meinung, dass man einfach, ohne zu viel Schlauheit und Kopfzerbrechen, so leben soll, wie man es für recht hält, ohne für alles gleich in bar auf die Hand ausgezahlt kriegen zu wollen. Es wird sich schon alles zum Schluss finden. Und wenn nicht – ist mir »ooch schnuppe«; ich freue mich ja auch schon so des Lebens, inspiziere jeden Morgen gründlich den Knospenstand auf allen meinen Sträuchern, besuche jeden Tag ein rotes Marienkäferlein mit zwei schwarzen Pünktchen auf dem Rücken, das ich seit einer Woche auf einem Ast in einem warmen Verband aus Watte trotz Wind und Kälte am Leben erhalte, beobachte die Wolken, wie sie stets neu und immer schöner sind, und – fühle mich im Ganzen nicht wichtiger als dieses Marienkäferlein und in diesem Gefühl meiner Winzigkeit unaussprechlich glücklich. ✍

Es ist aber doch gut,
sich von Zeit zu Zeit vorzuhalten,
was für ein köstliches Gut
das Leben an sich ist.

Ricarda Huch

AUS EINEM BRIEF
AN HELMUTH WESTHOFF

Rainer Maria Rilke

Die meisten Menschen wissen gar nicht, wie schön die Welt ist und wie viel Pracht in den kleinsten Dingen, in irgendeiner Blume, einem Stein, einer Baumrinde oder einem Birkenblatt sich offenbart. Die erwachsenen Menschen, die Geschäfte und Sorgen haben und sich mit lauter Kleinigkeiten quälen, verlieren allmählich ganz den Blick für diese Reichtümer, welche die Kinder, wenn sie aufmerksam und gut sind, bald bemerken und mit dem ganzen Herzen lieben. Und doch wäre es das Schönste, wenn alle Menschen in dieser Beziehung immer wie aufmerksame und gute Kinder bleiben wollten, einfältig und fromm im Gefühl, und wenn sie die Fähigkeit nicht verlieren würden, sich an einem Birkenblatt oder an der Feder eines Pfauen oder an der Schwinge einer Nebelkrähe so innig zu freuen wie an einem großen Gebirge oder an einem prächtigen Palast. Das Kleine ist ebenso wenig klein, als das Große – groß ist. Es geht eine ewige Schönheit durch die ganze Welt, und diese ist gerecht über den kleinen und großen Dingen verstreut. ✍

HIOB

Joseph Roth

*M*endels Gestalt wurde kleiner und kleiner. Die Schö-
ße seines Rockes wurden länger und länger und be-
rührten, wenn Mendel ging, nicht mehr die Schäfte der
Stiefel, sondern fast schon die Knöchel. Der Bart, der
früher nur die Brust bedeckt hatte, reichte bis zu den
letzten Knöpfen des Kaftans. Der Schirm der Mütze
aus schwarzem, nunmehr grünlichem Rips war weich
und dehnbar geworden und hing schlaff über Mendel
Singers Augen, einem Lappen nicht unähnlich. In den
Taschen trug Mendel Singer viele Sachen: Päckchen, um
die man ihn geschickt hatte, Zeitungen, verschiedene
Werkzeuge, mit denen er die schadhaften Gegenstände
bei Skowronneks reparierte, Knäuel bunter Bindfäden,
Packpapier und Brot. Diese Gewichte beugten den Rücken Mendels noch tiefer, und weil die rechte Tasche
gewöhnlich schwerer war als die linke, zog sie auch die
rechte Schulter des Alten hinunter. Also ging er schief
und gekrümmt durch die Gasse, ein baufälliger Mensch,
die Knie geknickt und mit schlurfenden Sohlen. Die
Neuigkeiten der Welt und die Wochentage und Feste der
andern rollten an ihm vorbei wie Wagen zu einem alten,
abseitigen Haus.

Eines Tages war der Krieg wirklich zu Ende. Das Viertel war leer. Die Menschen waren fortgegangen, die Friedensfeiern zu sehen und die Heimkehr der Regimenter. Viele hatten Mendel aufgetragen, auf die Häuser zu achten. Er ging von einer Wohnung zur andern, prüfte die Klinken und Schlösser und kehrte heim in den Laden. Aus einer unermesslichen Ferne glaubte er das festliche Gedröhn der freudigen Welt zu hören, das Knallen der Feuerwerke und das Gelächter Zehntausender Menschen.

Ein kleiner, stiller Friede kam über ihn. Seine Finger kraulten den Bart, seine Lippen verzogen sich zu einem Lächeln, ja, sogar ein winziges Kichern kam in kurzen Stößen aus seiner Kehle. »Mendel wird sich auch ein Fest machen«, flüsterte er, und zum ersten Mal ging er an einen der braunen Grammofonkästen. Er hatte schon gesehen, wie man das Instrument aufdrehte. »Eine Platte, eine Platte!«, sagte er. Heute Vormittag war ein heimgekehrter Soldat dagewesen und hatte ein halbes Dutzend Platten gebracht, neue Lieder aus Europa. Mendel packte die oberste aus, legte sie behutsam auf das Instrument, dachte eine Weile nach, um sich genau an die Hantierung zu erinnern, und setzte endlich die Nadel auf. Es räusperte sich der Apparat. Dann erklang das Lied. Es war Abend, Mendel stand im Finstern neben dem Grammofon und lauschte. Jeden Tag hatte er hier Lieder gehört, lustige und traurige, langsame und hurtige, dunkle und helle. Aber niemals war ein Lied wie dieses hier gewesen. Es rann wie ein kleines Wässerchen und murmelte sachte, wurde groß wie das Meer und rauschte. Die ganze Welt höre ich jetzt, dachte Mendel. Wie ist es möglich, dass die ganze Welt auf so einer kleinen Platte eingraviert ist? Als sich eine kleine, silberne Flöte einmischte und von nun an die samtenen Geigen nicht mehr verließ und wie ein getreuer, schmaler Saum umrandete, begann Mendel zum ersten Mal seit langer Zeit zu weinen. Da war das Lied zu Ende. Er drehte es noch einmal auf und zum dritten Mal. Er sang es schließlich mit seiner heiseren Stimme nach und trommelte mit zagen Fingern auf das Gestell des Kastens.

So traf ihn der heimkehrende Skowronnek. Er stellte das Grammofon ab und sagte: »Mendel, zünde die Lampe an! Was spielst du hier?«

Mendel zündete die Lampe an. »Sieh nach, Skowronnek, wie das Liedchen heißt.«

»Das sind die neuen Platten«, sagte Skowronnek. »Heute habe ich sie gekauft. Das Lied heißt« – Skowronnek zog die Brille an, hielt die Platte unter die Lampe und las: »Das Lied heißt ›Menuchims Lied‹.«

Mendel wurde plötzlich schwach. Er musste sich setzen. Er starrte auf die spiegelnde Platte in Skowronneks Händen.

»Ich weiß, woran du denkst«, sagte Skowronnek.

»Ja«, antwortete Mendel.

Skowronnek drehte noch einmal die Kurbel. »Ein schönes Lied«, sagte Skowronnek, legte den Kopf auf die linke Schulter und horchte. Allmählich füllte sich der Laden mit den verspäteten Nachbarn. Keiner sprach. Alle hörten das Lied und wiegten im Takt die Köpfe.

Und sie hörten es sechzehnmal, bis sie es auswendig konnten.

Mendel blieb allein im Laden. Er versperrte sorgfältig die Tür von innen, räumte das Schaufenster aus, begann sich auszuziehen. Jeden seiner Schritte begleitete das Lied. Während er einschlief, schien es ihm, dass sich die blaue und silberne Melodie mit dem kläglichen Wimmern verbinde, mit Menuchims, seines eigenen Menuchims, einzigem, längst nicht mehr gehörtem Lied. ✍

Und plötzlich weißt du:
Es ist Zeit, etwas Neues zu beginnen
und dem Zauber des Anfangs
zu vertrauen.

Meister Eckhart

*Sooft die Sonne aufgeht,
erneuert sich mein Hoffen
und bleibt, bis sie untergeht,
wie eine Blume offen.*

Gottfried Keller

ACHTER ABEND

Hans Christian Andersen

*E*s waren schwere Wolken am Himmel, der Mond kam gar nicht zum Vorschein; ich stand allein in meiner kleinen Kammer und sah hinaus in die Luft, wo er hätte erscheinen sollen. Meine Gedanken flogen weit umher, hinauf zu meinem großen Freund, der mir jeden Abend so hübsch Geschichten erzählte und mir Bilder zeigte. Ja, was hat er nicht erlebt! Er segelte über der Sündflut Wasser und lächelte zur Arche hinab, wie jetzt zu mir, und brachte Trost von einer neuen Welt, die hervorblühen würde. Als Israels Volk weinend an Babylons Wassern stand, schaute er wehmütig durch die Weiden, wo die Harfen hingen. Als Romeo auf den Balkon stieg und der Liebe Kuss wie der Gedanke eines Cherubs gen Himmel stieg, stand der Mond halb verborgen zwischen den dunklen Zypressen in der durchsichtigen Luft. Er sah den Helden auf St. Helena, wenn er von dem einsamen Felsen über das Weltmeer hinausschaute, während große Gedanken seine Brust bewegten. Ja, was kann der Mond nicht alles erzählen! Das Leben der Welt ist ein Märchen für ihn.

Heute Abend sehe ich dich nicht, alter Freund, kann kein Bild zur Erinnerung an deinen Besuch zeichnen!

Und wie ich so träumend hinauf zu den Wolken sah, wurde es hell: Es war ein Strahl des Mondes, aber er erlosch wieder; dunkle Wolken zogen vorüber, aber es war doch ein Gruß, ein freundlicher Abendgruß, den mir der Mond sandte. 🖋

Jede dunkle Nacht
hat ein helles Ende.

Nezami

SIBILLA DALMAR

Hedwig Dohm

Das Tagebuch begann mit dem 12. Oktober 1867. Sibilla war damals elf Jahre alt.

»Ich werde dies Buch heut mit dem Geburtstag des Königs einweihen. Sehr schmeichelhaft für den König. Also, lege los, würde Herr Vogel (unser Direktor) sagen. Am Freitag war ich bei Anna Reicher erst zum Kaffee eingeladen, nachher war Tanzstundenball. Beim Kaffee war es wirklich göttlich. Keiner tat den Mund auf, außer um Kaffee zu trinken, oder um Konrad Reicher – der einzige Knabe, die andern waren noch nicht da – zu flüstern. Als aber nachher getanzt wurde, da tauten wir gleich alle auf. Wir tanzten auch Cotillon, und ich bekam natürlich die meisten Bouquets.

Ein Knabe aber, der Jesko von Stubnitz, der war sehr hübsch, tanzte aber schlecht. Alle Übrigen mir unbekannt. Was wäre sonst noch zu erzählen? Ach was – ich werde jetzt lesen.

15. Oktober. Am Sonntag waren wir bei Grünaus eingeladen. Nach dem Kaffee spielten die andern *Wie gefällt Dir Dein Nachbar* und anderes, während Johanna und ich Theaterstücke von Körner lasen, was mir viel besser

44

als das ewige Spielen gefällt. Ich habe eine himmlische Puppe bekommen, in die ich verliebt bin. Ich wickle ihr den Kopf immer in ein Taschentuch, damit er nicht zu sehr verstaubt.

1. November. Heut waren wir wieder in der Schule, wo es mir schrecklicher vorkam denn je, so laut, und ein Geschwirr durcheinander, nicht zum Aushalten. Wir hatten Schreibstunde, und ich wollte nicht schreiben; darum gab ich mir Mühe, unartig zu sein, um einen Punkt zu bekommen und den Kopf auflegen zu können, als weinte ich; aber ich hatte dann doch nicht den Mut zu der Heldentat. Gestern habe ich nachbleiben müssen, bei Frl. Gerster in der Religionsstunde, woraus ich mir ebenso wenig gemacht habe wie aus einem Kuss von ihr. Ich kann sie nicht leiden, weil sie sich an der Nase herumführen lässt wie das unschuldigste Kind, und Frau Hegel nicht, weil sie so heuchelt und fromm tut und es dabei gar nicht ist. Mutter sagt, ich schreibe gut, und darüber freue ich mich. Ich freue mich unsäglich aufs Examen, ich sage nämlich ein Gedicht auf: *Das Glöcklein des Glücks,* und ich werde mein blaues Kleid anziehen.

Den 3. November. Ich laufe alle Tage Schlittschuh und amüsiere mich himmlisch. Heut bin ich einem Herrn in die Arme gelaufen, und das finde ich so hübsch.

Wir waren bei Kreislers eingeladen und haben abends Chocolade getrunken. Ach, eine herrliche Erinnerung ist diese Chocolade. In der Schule fehlen drei Fräuleins; es ist große Not, da man die Lehrerinnen nicht auf der Straße findet. Wenn ich manchmal an das Leben in der Schule denke, so kommt es mir so vor, als ob das, was man sonst im Leben Klatscherei nennt, in der Schule am meisten gepflegt wird, als lerne man in der Schule erst die schlechte Denkungsart, als wäre alles Schlechte daselbst in großen Behältern aufbewahrt.

1. Dezember. Wie schade! Das Eis, das mich gestern mit so viel Freude erfüllte, heut ist es gebrochen; man sieht, wie alles Irdische vergänglich ist.

Ich habe neulich mein *Soll und Haben* in der Schule verborgt, ich meine das Buch; das hat Frau Hegel erfahren, die hat es der Frau Direktor erzählt, und nun dürfen wir keine Bücher mehr verborgen. Um Frau Hegel zu versöhnen, habe ich ihr das Buch geborgt. Ich lese jetzt *In Reih und Glied* und bin ganz bezaubert davon. Ich denke immer bei mir, wem ich ähnlich werden möchte: Leo, Silvia, Amalie oder Josepha? Ich möchte Leo ähnlich werden, da ich aber ein Mädchen bin, muss ich unter den drei Mädchen wählen, und da gefällt mir Silvia am besten. Ich werde wohl leider Gottes nicht so werden, aber wer kann die Zukunft lesen?

Ich habe jetzt Tanzstunde und amüsiere mich sehr dabei. Wenn ich sagen sollte, was mich denn eigentlich amüsiere, so wüsste ich nicht zu antworten. An dem Hopsen allein kann man doch kein Vergnügen finden.

Den 4. Dezember. Gestern, das war wieder schrecklich in der Schule. Bertha Giese ist ein armes Würmchen und immer so murklich angezogen, und ein schlimmes Auge hat sie auch. Sie bekommt immer nur eine trockene Schrippe mit in die Schule. Gestern aber hatte sie eine Schrippe mit Kuhkäse belegt, und sie schmatzte so recht vor Vergnügen beim Essen. Da ging Frau Hegel an ihr vorüber und schnüffelte so, und da entdeckte sie den Kuhkäse. >Pfui<, sagte sie, >Übelriechendes gehört nicht in die Schule<, und riss ihr die Schrippe weg. Die Bertha, die stand da mit so grässlich hungrigen Augen und wäre beinahe an dem Bissen im Munde erstickt. Ich weiß nicht, mir stieg das Blut so in den Kopf und ich sagte zu Frau Hegel: >Es gibt noch viel Übelriechenderes in der Schule als Kuhkäse.< Ich meinte damit ihr Benehmen, das wagte ich ihr aber nicht zu sagen. Ich musste eine ganze Stunde nachsitzen. Es machte mir Spaß, das Nachsitzen, wirklich Spaß.

Ich hasse Ungerechtigkeiten. Darum tun mir immer die Armen so sehr leid. Ich weiß überhaupt gar nicht, warum es Arme geben muss. Es ist zu dumm. Wenn ich groß bin, entdecke ich es vielleicht. Am andern Tage kam ich auch mit einem Käsebutterbrot in die Schule; es war nicht gerade Kuhkäse, nur holländischer. Und ich aß es so recht vor Hegels Nase. Und sie schnüffelte nicht, und tat, als sähe sie es nicht. Etsch, Frau Hegel, etsch, etsch!

30. Dezember. Lange, lange habe ich nichts eingeschrieben; ich will aber auch sagen, warum, damit ich mich später über den langen Zwischenraum nicht ärgere. Das Tagebuch war weg. Ich habe Auerbachs *Dorfgeschichten* gelesen, sie gefallen mir himmlisch. Übrigens, was ich da neulich über die Tanzstunde eingeschrieben habe, hatte ich bloß aufgeschnappt; das Hopsen und Springen macht mir doch Vergnügen.

Den 1. Januar 1868. Ein neues Jahr hat angefangen, – jetzt schreibt man 1868. Das kommt mir ganz wunderbar vor. Wie schnell das geht. Und wenn ich erst darüber nachdenke, was habe ich denn eigentlich in dem langen Jahre getan? Nicht einmal das dumme Büchlein konnte ich ausschreiben, und ich will Schriftstellerin werden. Ich will mich aber ändern und in diesem Jahr fleißiger werden.«

Schlägt dir die Hoffnung fehl,
nie fehle dir das Hoffen!
Ein Tor ist zugetan,
doch tausend sind noch offen.

Friedrich Rückert

ELIZABETH AUF RÜGEN

Elizabeth von Arnim

Will man die Seele von den trostlosen Verkrustungen befreien, die sich unweigerlich bilden, wenn man versucht, seine Pflicht zu tun, oder geduldig erträgt, bis andere die ihre einem selbst gegenüber erfüllen, so kenne ich keine sicherere Methode, als sich mutterseelenallein hinaus in die Natur zu begeben – entweder bei Tagesanbruch, wenn die Erde noch unbedeckt von den Füßen der Emsigen ist, oder am Abend, wenn sich die Stille herabgesenkt hat.

Dann schaue ich empor zu den Sternen und wundere mich über die Nichtigkeiten des vergangenen Tages, über die Wertlosigkeit der Dinge, um die man sich bemüht hat, über die Torheit, so wütend und so rastlos und voller Angst gewesen zu sein. Nichts führt einem das Leben besser vor Augen, als des Nachts ein Weilchen mit den Sternen Zwiesprache zu halten.

Was sind schon pflichtschuldige Abendgebete, heruntergeleiert zwischen Kissen und Decken, verglichen mit solch tiefer Demut vor der Erhabenheit des Himmels? Und welchen Wert haben jene hastigen Morgenandachten, die, gestört von der Befürchtung, der Kaffee könnte kalt werden und dadurch den in jedem Haus zu findenden notorischen Nörgler noch mehr als gewöhnlich erzürnen, den neuen Tag zu einem glücklichen weihen sollen, verglichen mit einem Spaziergang in der Morgenfrische, bei dem man Gott unter seinem weiten Himmel aus freien Stücken dafür dankt, dass er so gütig zu uns ist? Nachdem ich dort oben im sonnendurchfluteten Raum zwischen den glänzenden Farnen mein luftiges Te Deum dargebracht hatte, ging ich so unbeschwert des Weges wie noch nie nach einer häuslichen Andacht.

Der Wald war an jenem Morgen so heiter, so funkelnd, so voll von emsigen, glücklichen Geschöpfen, dass nur ein bedauernswertes Herz in einer solchen Gesellschaft nicht fröhlich gewesen wäre. Hier, wo alles Gesundheit und Frische atmete, war einfach kein Platz für Reue, für schuldbewusstes Sich-auf-die-Brust-Schlagen; und ich finde in der Tat, dass wir schrecklich viel Zeit mit Bereuen und Bedauern verschwenden. Die einzig vernünftige Einstellung gegenüber einem gemachten Fehler oder einer begangenen Sünde besteht sicherlich darin, seine moralischen Schultern kräftig zu schütteln, kräftig genug, um Fehler und Sünden abzuschütteln und aus dem Gedächtnis zu verbannen. Die Sünde selbst war ohnehin eine schlimme Zeitverschwendung, und so sollte keine weitere Zeit mehr damit vertan werden, wehmütig darüber nachzusinnen. Sollen wir armen Menschen, die wir aufgrund unserer zahlreichen körperlichen Schwächen und Gebrechen im Kampf mit dem Schicksal ohnehin von Anfang an im Hintertreffen sind, auch noch unsere Seelen mit einer stets größer werdenden Bürde von Reue und Zerknirschtheit belasten? Sollen wir uns von der Last lebhafter Erinnerungen das Herz brechen lassen? Wie vermögen wir das Leben zu ertragen, wenn wir andauernd in den Sumpf aus bitteren und oft ungerechten Selbstvorwürfen fallen?

Jeder Morgen gibt uns das Licht zurück und damit eine neue Chance, uns zu bessern. Ist es nicht die reinste Idiotie und Undankbarkeit, sich das Heute, das uns Gott schenkt, vom Gestern verderben zu lassen?

In der Nacht hatte sich starker Tau gebildet, und so war das Moos entlang des Weges ganz durchtränkt davon. Die Blätter der schlanken jungen Buchen funkelten vor Nässe, und die auf beiden Seiten überhängenden Farne benetzten mein Kleid, als ich durch sie hindurchging. Nirgendwo gab es eine düstere Ecke, die zum Trübsalblasen einlud. Selbst die Eichelhäher hätten einen ausgelacht, wenn man dagesessen und ein bekümmertes Gesicht gemacht hätte.

Bisweilen verengte sich der Pfad und die Baumkronen verdeckten den Himmel; dann wieder führte er mich auf eine besonnte Lichtung und einmal an einer Reihe mächtiger Buchen entlang, hinter der sich eine Wiese den Hang hinaufzog, über deren Grashalmen die Hitze tanzte. Eichhörnchen waren meine ständigen Begleiter.

Sie schnatterten und tollten vergnügt herum, wie es kluge Eichhörnchen eben tun, die ganz in der Gegenwart leben. Und hoch über meinem Kopf sangen Lerchen in sorgloser Wonne, weil sie ja keine Ahnung hatten, dass sie wahrscheinlich schlimme Lerchen mit Vergangenheit waren; und zu meinen Füßen lagen Eidechsen reglos in der Sonne, ohne zu wissen, wie schlecht es sich ziemt, untätig in der Sonne zu liegen, sobald man Kleider trägt und ein Gewissen hat. Was den Duft des Waldes betrifft, so kennt ihn ein jeder, der frühmorgens nach einer taureichen Nacht jemals durch ein Gehölz streifte und weiß, wie er die Lebensgeister dessen weckt, der ihn einatmet. Daher brauche ich nicht weiter zu schildern, wie glücklich und gestärkt ich einen lang gezogenen, dicht bewaldeten Hügel hinaufstieg. ⬉

Jeder Tag
ist ein neuer Anfang.

George Eliot

*Im Herbst sammelte ich
alle meine Sorgen und vergrub sie
in meinem Garten.
Als der Frühling wiederkehrte –
im April –, um die Erde zu heiraten,
da wuchsen in meinem Garten
schöne Blumen.*

Khalil Gibran

VON EINEM
URALTEN HAUSE UND WER
DARIN WOHNTE

Heinrich Scharrelmann

Ja früher, als ich noch zur Schule ging, da gab es noch merkwürdige Häuser in unserer Stadt. Häuser, so merkwürdig und wunderbar, dass man sie nie wieder vergaß, dass man sogar von ihnen träumen konnte. Ja, damals baute man die Straßen auch noch nicht so breit und langweilig gerade wie heute, und die Häuser sahen alle verschieden aus und hatten nicht wie jetzt immer das gleiche Gesicht.

Und jeden Morgen, wenn ich zur Schule ging, kam ich an einem solch alten, merkwürdigen Hause vorbei. Es hatte einen hohen, spitzen Giebel, und wunderliche, in Stein gehauene Blumen und Engel umrahmten die Fenster. Und mitten an der grünen, schweren Haustür saß ein Löwenkopf, der einen dicken, eisernen Ring im Maule trug. Den Ring musste man heben und wieder an die Tür zurückfallen lassen, wenn man ins Haus wollte; denn die Tür war immer verschlossen und wurde nur geöffnet, wenn jemand klopfte. Ja, es war ein merkwürdiges Haus. Das sah man schon an den vielen kleinen Fensterscheiben, an den hässlichen Flecken in den Wänden, an der

Dachgosse, die wie ein Vogelkopf geformt war und weit über die Straße reichte. Und an der rechten Seite des alten Hauses war ein kleiner Garten. Nirgends in der ganzen Stadt wuchsen in den Gärten solch wunderbare Blumen, nirgends so vielerlei verschiedene durcheinander, nirgends gab es solch kugelrunde Buchsbäume, solch ein hübsches Holzstaket.

Und wenn ich des Morgens zur Schule musste, ging ich mit Herzklopfen an dem alten Hause vorbei und lief auf die andere Seite der Straße und sah furchtsam zu ihm hinüber. Ja, es war sicher ein Räuberhaus oder ein Haus, in welchem Gespenster oder Hexen wohnten. Wenn ich aber einmal nicht allein durch die stille Straße ging, dann blieb ich wohl einen Augenblick stehen und versuchte durch die Fenster in die Stuben zu blicken. Aber das war unmöglich, denn alle Fenster waren mit weißen, dichten Mullgardinen behangen und mit Blumentöpfen besetzt, und es blieb kaum irgendwo eine Lücke, durch welche ich hätte hindurchsehen können.
Und wie gerne hätte ich gewusst, wer in dem alten Hause wohnte! Wie gerne wäre ich einmal drinnen gewesen in seinen Stuben und Kammern, in seinen Kellern und auf seinen Böden!

Da kam ich eines Tages aus der Schule und wiederum an dem alten, merkwürdigen Hause vorbei, und wie ich scheu hinüberblickte, sah ich, dass die Haustür weit geöffnet war. Das hatte ich noch nie erlebt, und verwundert und neugierig blieb ich stehen. Aber der Flur war zu dunkel, ich konnte nichts erkennen. Nur ganz aus der Tiefe des Hauses schien mir etwas Blankes, Goldenes entgegenzublicken. Was war das? Waren es lange Schwerter, die dort hervorblitzten? Waren es Posaunen und Trompeten? Ich hielt die Hände über meine Augen, um besser in die Dunkelheit sehen zu können, aber das half nicht viel.

Vorsichtig sah ich mich nach allen Seiten um, scharf blickte ich zu allen Fenstern in dem verwunschenen Hause hinauf, um zu sehen, ob sich hinter einem ein Gesicht versteckte. Aber alles war still und ruhig ringsumher. Da schlich ich behutsam ein paar Schritte näher, und trotzdem mein Herz klopfte, stellte ich mich doch vor der Haustür hin und sah hinein.

Nein, es waren keine Schwerter oder Posaunen, die in der Tiefe erglänzten. Es waren kupferne und messingne Töpfe und Kellen, die, frisch geputzt, an den Wänden der Küche hingen. Aber wenn auch nicht, sonderbar genug sah es trotzdem im Hause aus. Der Fußboden war mit Steinplatten belegt, wie sie die Straßenmacher früher gebrauchten. In einer Ecke stand eine alte Wanduhr, die mit allerlei Verzierungen an ihrem dunklen Gehäuse geschmückt war, die tickte lang-sam, lang-sam. Noch nie hatte ich eine Uhr so langsam ticken hören. Sonst war alles still, lautlos still auf dem weiten Hausflur. Nichts regte und bewegte sich. Ich stand und lauschte und schlich vorsichtig wieder ein paar Schritte näher und stand in der Türöffnung, wie kühl war die Luft, die an dem heißen Tage aus dem alten Hause strömte. Stieg die aus dem steinernen Fußboden herauf oder sank sie aus der großen Bodenluke mitten unter der Decke hernieder? – Ein so besonderer Geruch war in dem Hause. Es roch, wie ganz alte Sachen riechen, es roch wie in Großvaters Hause am Wall.

Ich stand und lauschte und hörte auf das Ticken der Wanduhr. »Hüt – dich! – Hüt – dich!«, sagte sie ganz deutlich. Ein Schauer lief mir über den Rücken, da sah ich zufällig noch einmal zur Decke hinauf und erblickte in dem dämmrigen Raume ein großes, wunderschönes Segelschiff. Das hing an einer eisernen Kette an der Decke. Es hatte drei Masten und einen Bugspriet und volles Segelwerk, und wenn es nicht so klein gewesen wäre, hätte es wohl nach Amerika fahren können. Ach, wenn mir doch das Segelschiff gehörte!

Auf den Zehenspitzen trat ich einen Schritt ins Haus hinein, um genauer sehen zu können, und dann noch einen und noch einen und stand nun mitten auf dem Flur und sah hinauf zu dem Schiffe und konnte mich nicht sattsehen an all seinen Teilen. Richtige kleine, runde Kajütenfenster saßen in seinen Wänden. Ein Paar Kanonen aus

Messing blickten über sein Hinterdeck. In der Mitte des Schiffes war die Kommandobrücke für den Kapitän, am Hauptmast ein Ausguck, Strickleitern führten hinauf zu den Rahen – ein eiserner Anker hing vorn am Bug – »Anna-Maria« stand mit goldenen Buchstaben darüber, ein Kompasshaus war auch da. Ach, wenn ich das Schiff hätte! Ach, wenn es ein richtiges großes Schiff wäre und ich der Kapitän! Und zehn Matrosen müsste ich haben und einen Steuermann und nach Amerika wollte ich fahren und nach Indien und mit wilden Völkern Krieg führen. Zwei Kanonen waren ja auf dem Schiffe, da konnte ich den Krieg wohl wagen und dann wollte ich viel Geld mitbringen und kostbare Waren und alles meiner Mutter geben, und dann würde sie sich freuen und glücklich sein. Ach, wenn ich doch das Schiff hätte!

Plötzlich bekam ich einen furchtbaren Schrecken. Eine Zimmertür hatte sich geöffnet, und in der Öffnung stand eine alte Frau. Sie sah erst mich an, dann blickte sie zum Schiff hinauf und lächelte. Vor Entsetzen vermochte ich mich nicht zu rühren, starr sah ich die Alte an. Die aber kam lautlos über den steinernen Fußboden zu mir, bis sie neben mir stand. Wer war das? Noch nie hatte ich ein solch altes Gesicht gesehen. War das die Hexe? Gewiss! Wer sollte es sonst sein?

Sie legte ihre magere Hand auf meine Schulter und sagte: »Ja, ja! Beguck sie dir nur ordentlich, die Anna-Maria!

Nicht wahr, die gefällt dir?« Ich konnte nur mit dem Kopfe als Antwort nicken. Sie blieb neben mir stehen und sah zum Schiffe hinauf, und ich sah in ihr Gesicht. Es war kreuz und quer von tausend Falten durchzogen, schneeweiße Haare blickten unter ihrer schwarzen Spitzenhaube hervor. Wie lautlos sie schleichen konnte! Ja, sie war eine Hexe. Jetzt wusste ich es ganz gewiss. Da kam auf einmal ein Dienstmädchen von der Straße herein, das trug einen Armkorb und machte große Augen, als es mich sah, und ging in die Küche und band sich eine Schürze vor und sah mich an und lachte. »Alwine, Sie müssen morgen das Schiff abnehmen und abstäuben«, sagte die Hexe zu dem Dienstmädchen. »Jawohl, Madam!«, antwortete Alwine. Ich sah von einer zur anderen. »Ach, es war ein schönes Schiff, und es hat schon manche Reise nach Ostindien gemacht«, sagte die Alte und sah mich wieder an. »Dies kleine Schiff?«, fragte ich. »Nein«, antwortete sie, »dies ist ja nur der wirklichen großen Anna-Maria nachgemacht. Es ist ein Andenken an meinen verstorbenen Sohn«, setzte sie dann leise hinzu.

Einen Augenblick war es ganz still auf dem Flur, und Alwine sah mit ernsten Augen zu der alten Frau, die noch immer zu dem Segelschiffe unter der Decke hinaufblickte. Und plötzlich sah ich, wie sich zwei große Tränen langsam aus den Augen der Alten lösten und ihr über die runzligen Backen stürzten. Sie weinte! Die *Hexe* weinte?

Nein, das war ja nicht möglich! Noch nie hatte ich gelesen oder gehört, dass eine Hexe weinen konnte, weinen konnte um einen gestorbenen Sohn. Nein, sie *war* keine Hexe. Meine Angst schwand. »Wo ist denn die wirkliche Anna-Maria jetzt?«, fragte ich leise. »Das weiß nur Gott im Himmel, mein lieber Junge. Wahrscheinlich liegt sie irgendwo tief unter dem Meere, und alle, die auf ihr hinausfuhren, sind gestorben, längst gestorben, und keine Seele weiß ihr Grab.«

»Und der Kapitän?«

»Das war mein Sohn«, antwortete sie. »Es war gerade seine erste Reise, und er war dreißig Jahre alt und freute sich so, dass er nun sein eig'nes Schiff fahren konnte, und war so voll Hoffnung, als ich ihn zuletzt sah, und dann ist er hinausgefahren, und dann kam noch ein Brief von ihm aus einem englischen Hafen, und dann … und dann … habe ich nie wieder etwas von ihm gehört.«

»Gehen Sie man hinein in die Stube, Madam«, sagte Alwine, »ich habe nun gerade Zeit und will die Anna-Maria jetzt eben abstäuben. Gehen Sie man in die Stube, Madam!« Die alte Frau seufzte und ging lautlos zur Tür, die sie hinter sich schloss.

Alwine holte eine Leiter, löste die Kette von dem Haken an der Decke los, und ich stand nun dabei und konnte das Schiff ganz aus der Nähe besehen. Und ich besah es von allen Seiten und half mit Staub blasen und abwischen und wurde nicht müde zu fragen und zu bewundern, sodass Alwine zuletzt rief: »Nein, was bist du für ein merkwürdiger Junge! Wie kann einem nun so'n altes Schiff, was doch zu nichts nicht zu gebrauchen ist, so viel Spaß machen?« Aber ich wurde nicht müde, ihr alle Teile am Schiffe zu erklären und zu zeigen, und erzählte ihr auch, wie ich vorhin mich fürchtend in der offenen Haustür gestanden hatte, und wie unheimlich mir alles hier im Hause vorgekommen sei, und wie dann plötzlich die alte Frau herausgetreten, und wie ich davor zu Tode erschrocken gewesen sei und geglaubt hätte, sie wäre eine Hexe. »Was? Unsere gute, alte Frau eine Hexe?«, fragte Alwine mit verwundertem Blicke. »Junge, du bist nicht gescheit! Unsere alte Frau Rickert ist die beste Frau in der ganzen Stadt, und wenn sie nicht das große Unglück mit ihrem Sohne gehabt hätte, dann würde sie auch nicht die vielen Falten im Gesichte haben. Nein, nein«, rief sie immer wieder, »wie kann man so'n gute, alte Frau, die keiner Fliege was tut, wohl für 'ne Hexe halten! So was is mir doch in meinem ganzen Leben noch nicht vorgekommen.«

Als das Schiff sauber geputzt wieder aufgehängt war, eilte ich nach Hause und suchte Holz zusammen und holte Mutters Kartoffelmesser aus der Küche und schnitzte und schnitzte an dem Holze herum, um auch eine »Anna-Maria« zu machen. ⟋

BLICK IN DEN STROM

Nikolaus Lenau

Sahst du ein Glück vorübergehn,
das nie sich wiederfindet,
ist's gut, in einen Strom zu sehn,
wo alles wogt und schwindet.

O, starre nur hinein, hinein;
du wirst es leichter missen,
was dir, und soll's dein Liebstes sein,
vom Herzen ward gerissen.

Blick unverwandt hinab zum Fluss,
bis deine Tränen fallen,
und sieh durch ihren warmen Guss
die Flut hinunterwallen.

Hinträumend wird Vergessenheit
des Herzens Wunde schließen;
die Seele sieht mit ihrem Leid
sich selbst vorüberfließen.

*Mit den Schwierigkeiten
nehmen die Kräfte zu.*

Novalis

DES ARMEN FRIEDEL
NIKOLAUSTAG

Theodor Berthold

*I*n einem windschiefen, erbärmlichen Häuschen am äußersten Ende der Stadt saßen in einer schlecht geheizten, dürftig erleuchteten Stube, die zugleich als Wohnung und Schlafraum und höchstwahrscheinlich auch als Küche diente, an einem rein gescheuerten Tische zwei Taglöhnerleute, Mann und Frau, sich gegenüber. In der Mitte des Tisches stand eine irdene Schüssel mit Pellkartoffeln, daneben ein gläsernes Salzfass mit Inhalt; je ein Messer und eine Gabel lagen vor dem Manne und der Frau.

»Herrliche Kartoffeln haben wir dieses Jahr, Marie!«, sagte der Mann zufrieden.

»Ja, der liebe Gott hat uns recht gesegnet«, erwiderte die Frau.

»Das mein' ich auch«, sagte der Mann; »du hast es auch nicht an Arbeit fehlen lassen, an Schweiß und Mühe auf dem gepachteten Land, während ich als Maurer bei dem Bau der großen Spinnerei tätig war.«

»Wobei du dich so sehr geplagt hast, und doch –«

»Und doch«, fiel der Arbeiter seiner Frau in die Rede, »und doch für uns nicht so viel herauskam, dass wir uns leidlich durch den Winter schleppen könnten.«

»Wir wollen nicht murren«, erwiderte die Frau ergebungsvoll; »Gott wird weiterhelfen. Zu essen haben wir noch, wenigstens vorläufig. Sieh nur, wie weiß und mehlig die Kartoffeln sind! Wir haben noch den einen Kasten voll.«

»Ich wollte auch nicht murren«, entgegnete der Mann, »wenn wir nur unsrem Jungen, dem kleinen Friedel, zu Nikolaus etwas schenken könnten. Aber so gar nichts haben – das Herz blutet mir bei dem Gedanken.«

»Und doch muss der arme Junge diesmal leer ausgehen«, erwiderte trüben Tones die Frau; »wir bedürfen unsrer letzten Groschen für Brot, für Kohlen, für Öl; dazu ist am 1. Januar die Miete fällig …«

Ein schwerer Seufzer entfuhr bei diesem Gedanken dem Munde der Armen.

Der Mann erhob sich von seinem Stuhle, nahm das Öllicht vom Nagel und schritt behutsam und möglichst leise auf den Fußspitzen zu dem geräumigen Bette, das im Hintergrund der Stube stand. Mit der Linken hob der Mann einen kleinen Blechschirm, welcher das Flämmchen der Lampe beschattete, empor, sodass der Lichtstrom jetzt ungehindert und voll auf das blau und weiß karierte Kopfkissen fiel. Da ruhte nun ein hübscher, runder, rosiger Kinderkopf – die Wangen rosig, flaumig wie Pfirsiche und beschattet von auffallend langen, blonden Wimpern, der Mund voll und rund wie eine reife Knappkirsche. Der Knabe mochte fünf bis sechs Jahre zählen. In ruhigen Atemzügen hob und senkte sich die junge Brust.

»Das liebe Schäfchen, der gute Junge, der herzallerliebste Friedel, mein Friedel!«, flüsterte der Vater vor sich hin. »Da liegt und träumt er vielleicht vom heiligen Nikolaus, der ihm ein paar dicke, rotbackige Äpfel in die Hände steckt, und morgen früh ist's nichts damit – leere Hände, leerer Tisch, leere Schüsseln!« Dann zog er eine weiße Tonpfeife aus der Tasche, setzte den Rest des Tabaks, der sich noch in derselben befand, in Brand und schritt, leichte Wölkchen vor sich blasend, nachdenklich in der Stube auf und ab, während die Frau den Tisch abräumte und die Schüssel spülte.

»Frau«, sagte plötzlich der Mann in ganz verändertem, freudigem Tone, »ich hab's! Ich weiß jetzt, wie ich uns'rem kleinen Friedel eine Nikolausfreude mache, ohne einen Pfennig dafür auszulegen.«

»Wie wolltest du das anfangen, Heinrich?«, fragte die Frau ein wenig ungläubig, ein wenig lächelnd, und doch auch ein wenig kummervoll.

»Höre!«, erwiderte der Mann. »Es friert diese Nacht, dass Stein und Bein zerbricht; als ich dir vorhin einen Eimer Wasser vom Straßenbrunnen holte, platschte mir ein Guss über den Rand des vollen Eimers auf die Straße – ich sah, dass der Guss sofort zu blankem Eis gefror. Nun tut unser Friedel nichts lieber, als auf seinen

Holzschuhen über die glatten Schlinderbahnen gleiten, das ist seine Lust, seine Wonne, sein bestes Pläsier, wobei er vor Ausgelassenheit zu krähen pflegt wie 'n junger Hahn. Da hab' ich mir nun gedacht, ich mache uns'rem Jungen eine Schlinderbahn hier dicht vorm Hause. Ein paar Eimer Wasser langsam hintereinander durch den Rinnstein gegossen und dabei der köstliche, himmlische Frost, herrje, das muss eine Schlinderbahn geben, wie sie kein Prinz besser befährt!«

Und damit warf der Mann seine Kappe vor Pläsier gegen die Stubendecke und rief so laut »Juchhe!«, dass der kleine Friedel, den die ganze Sache anging, sich in seinem Bette rührte.

»Still, still!«, mahnte die Frau ihren Mann, »dass der Junge nicht aufwacht! Gut geschlafen ist halb gefüttert. Was du doch für Ideen hast, Mann! Aber ich glaube wirklich, der kleine Friedel wird sich über seine Schlinderbahn freuen, namentlich, wenn die andern Kinder hinzukommen und ebenfalls schlindern wollen, denn unser Friedel hat ein gutes Herz.«

Als der Vater sich überzeugt hatte, dass sein Söhnchen ruhig weiterschlief, nahm er den Wassereimer von der Bank und trat damit auf die Straße. In dem einen Augenblick, wo die Haustür aufging, fuhr ein eisiger Luftstrom durch die Stube – ja, es war eine Nacht, dass Stein und Bein vor Frost zerbrechen mussten!

Der Mann mit dem Eimer führte seine Absicht aus und leitete einige volle Güsse durch den Rinnstein vor der Haustür. Als er sah, dass ein Teil des Wassers schneller als wünschenswert abfloss, machte er etwa zwanzig Schritte den Rinnstein hinunter einen kleinen Querdamm von Schnee; nun staute sich das Wasser und bildete eine breite, glatte, ruhige Fläche. »Ein Viertelstündchen nur dieser messerscharfe Frost darüber«, murmelte der Mann zufrieden vor sich hin, »und eine Schlinderbahn ist fertig, so schön, dass man sie auf die Weltausstellung nach Paris hinschicken könnte!«

Der Mann wartete indes das Viertelstündchen nicht ab; er begab sich, weil der Frost doch gar zu grimmig biss, zurück in seine Hütte, wo das Erlöschen des Lämpchens ein paar Augenblicke später andeutete, dass die Eltern des armen Friedel ihr Lager aufgesucht hatten.

Nach einer stillen, starren Frostnacht brach der Nikolausmorgen an – mit rosigem Lichte.

Als der kleine Friedel die langen blonden Wimpern aufschlug, fielen seine blauen Augensterne zwar nicht auf einen Tisch mit Äpfeln, Kuchen, Spielsachen und Kleidungsstücken – aber sie blickten in die freundlichen Augen von Vater und Mutter.
»Bist du wach, mein Junge?«, sagte der Vater zärtlich und hob den kleinen Hemdenmann aus dem warmen Nest, während die Mutter mit einem zärtlichen »Guten

71

Morgen, Friedel!« die armseligen Kleidungsstücke vom Stuhle nahm und selbe dem Vater hinreichte.

»Hat denn der Nikolaus mir auch was gebracht?«, stammelte Friedel.

»Gewiss, mein Junge«, versicherte der Vater, »aber es ist nicht hier in der Stube, dein Geschenk, sondern draußen vor der Tür!«

»Vor der Türe?«, wiederholte Friedel mit großen fragenden Augen und betrachtete die alte, schief in den Angeln hängende Tür so verklärt, als sei sie eine Himmelspforte.

Nachdem Friedel angekleidet, gewaschen und gekämmt war, auch seine kleinen Holzschuhe anbekommen hatte, band ihm seine Mutter, weil er nun ungeduldig nach der Türe drängte, in Ermangelung einer Kappe ein rotbaumwollenes Taschentuch um die Ohren.

»Halt, auch ein Paar Fausthandschuhe sollst du haben!«, rief die Gute und zog ein Paar alter, gestopfter Kinderstrümpfe über die Hände des Kleinen. So ausgerüstet wurde Friedel von der Hand des Vaters vor die Haustür geleitet.

»Sieh, mein Junge, das ist deine Schlinderbahn!«, sagte der Vater, auf die Eisbahn deutend, die sich schön blank und breit und glatt vor der ganzen Länge des Hauses hinzog. »Die hat der heilige Nikolaus extra für dich in der Nacht gemacht! Dir ganz allein gehört sie zu – du wirst als guter Junge aber auch die andern Kinder darauf schlindern lassen.«

Friedel patschte vor Freude die mit den sonderbaren Fausthandschuhen bewehrten Händchen gegeneinander und sagte: »O, o, o!« – wobei er sich halbwegs vornüber neigte und den kleinen, leeren Leib, der noch kein Frühstück empfangen, nach innen zog.

»So, nun zeig Vater mal, ob du schlindern kannst!«, sagte die Mutter, die aus der Türe blickte.

Ja, das konnte Friedel – ganz meisterhaft. Am oberen Ende der Eisbahn nahm er einen Anlauf und schoss dann schnell wie ein Pfeil auf der glatten Fläche dahin, den Kopf und Rücken in straffer Haltung, und beide Arme seitwärts ausgestreckt, um mit diesen das Gleichgewicht herzustellen. Huh, wie das ging! Jenseits angelangt, purzelte er bisweilen in den Schnee, aber das tat nicht weh, denn der Schnee war tief und weich wie Lämmerwolle.

Nachdem Friedel etwa ein Viertelstündchen seine Lust an dem herrlichen Geschenke des heiligen Nikolaus gehabt hatte, mahnten ihn die Eltern: »So, Friedel, nun komm hübsch ins Haus, ins warme Stübchen, und trink deinen Kaffee, nachher magst du dann wieder nach Herzenslust schlindern.«

Willig folgte Friedel dieser Mahnung, und eine Minute später saß die kleine Familie zufrieden um den Kaffeetisch herum, der in diesem Falle eigentlich ein Cichorientisch heißen musste, denn das ganze Frühstück der armen Leute bestand aus heißem, braunen Cichorienwasser nebst trockenem Schwarzbrot. Aber sie waren zufrieden mit der kärglichen Labung, zufrieden auch in der Liebe zueinander und in dem gläubigen Vertrauen auf Gott, der schon zur rechten Stunde helfen würde, wie er es so oft getan. ✑

*Habe Vertrauen
zum Leben,
und es trägt dich
lichtwärts.*

Seneca

BRIEFE,
DIE IHN NICHT ERREICHTEN

Elisabeth von Heyking

Bay View, 18. August 1900

*A*ls ich heute früh erwachte, schien die Sonne strahlend in mein Zimmer; blinzelnd musste ich mich erst an den Glanz gewöhnen. Noch halb im Schlaf, hatte ich die Empfindung, dass etwas Wunderbares, Wunderschönes meiner warte – zuletzt ist mir als Kind so zumut gewesen, wenn ich am Weihnachtsmorgen erwachte und mich noch halb träumend erinnerte, dass nebenan im Wohnzimmer der Baum stände mit allen Geschenken. Nicht nur draußen schien mir aber heute die Sonne; nein, in mir selbst strahlte es von Glück und Seligkeit, und auch an diesen Glanz musste ich mich erst blinzelnd gewöhnen – nach der langen Sorgennacht.

Die Welt ist schön, die Welt ist gut – weil Sie leben, liebster Freund! Was spricht man denn von irdischem Jammertal – ein blühender Garten ist's – Sie leben ja! Schmerz und Leid soll alles sein? Oh, es gibt so wonniges, tiefinneres Glück – Sie leben ja! – Mir ist, als erwache ich erst der Welt, wie sie wirklich ist – meiner Welt – wie ich sie sehe – wie ich sie fühle. Die anderen Leute gehen herum, als sei nichts Besonderes vorgefallen – und

77

es ist doch alles neu und anders als bisher, und alles hat einen tiefen Sinn bekommen, ist verständlich geworden – denn Sie sind gerettet.

Um das auszudrücken, was ich empfinde, fände ich keine eigenen Worte, kann nur wiederholen, was jener Größte in Wort und Ton gedichtet: Winterstürme wichen dem Wonnemond! Immer wieder klingt es in mir: Winterstürme wichen dem Wonnemond! Ich weiß wohl, positivere Geister als ich würden darüber lächeln: Sie in Peking, ich hier am Atlantischen Ozean und – Wonnemond? Und es ist doch so, dieses Gefühl grenzenlosen Glücks, unendlicher Dankbarkeit.

Hat ein Gott die Menschen erschaffen, wie seit vielen Hundert Jahren den Kindern gelehrt wird, so sei ihm Dank, dass er Sie geschaffen. Haben seit Äonen unbewusst wollende Zellen in dunklem Triebe sich so gefügt, dass schließlich der Mensch erstand, so sei Dank jenen unendlich kleinen, aus denen Sie wurden. Mein Gottesgeschenk, mein Weltenwunder! Was liegt an Namen und Glauben! Empfindung ist alles, was wir wissen – Winterstürme wichen dem Wonnemond! ✍

*Man muss nur
warten können,
das Glück kommt schon.*

Paula Modersohn-Becker

Du möchtest noch
mehr von uns
kennenlernen?

In einigen Fällen war es nicht möglich, für den Abdruck
der Texte die Rechteinhaber:innen zu ermitteln.
Honoraransprüche der Autor:innen, Verlage und ihrer
Rechtsnachfolger:innen bleiben gewahrt.

© 2024 arsEdition GmbH,
Friedrichstr. 9, D-80801 München
Alle Rechte vorbehalten
Gestaltung Cover und Layoutkonzept:
Miriam Strobach, Le Foodink
Satz: Helene Hillebrand
Bildnachweis: Floral Graphics by likorbut,
Creative Market

ISBN 978-3-8458-5785-5

www.arsedition.de

Wir behalten uns die Nutzung unserer Inhalte
für Text und Data Mining im Sinne von § 44b UrhG
ausdrücklich vor.